Phau ntawv nyob muaj chaw:
(This book belongs to:)

_____

Npe
(Name)

Mos Ab Ntses
(Baby Fish)

Nkauj Hli Lis

Dedicated to my son, Vaamteev, for his love of fishes.

Mos ab ntses

Baby fish

Niam ntses

Mommy fish

Mos ab thiab niam ntses

Baby and mommy fish

Txiv ntses

Daddy fish

Mos ab, niam, thiab txiv ntses

Baby, mommy, and daddy fish

Pog / niam tais ntses

Grandma fish

Mos ab, niam, txiv, thiab pog / niam tais tses

Baby, mommy, daddy, and grandma fish

Yawg ntses

Grandpa fish

Mos ab, niam, txiv, pog /
niam tais, thiab yawg ntses

Baby, mommy, daddy,
grandma, and grandpa fish

Tag Lawm
(The End)

Made in the USA
Las Vegas, NV
03 February 2021

17029873R00017